德国法学名家名篇

BEDEUTENDE WERKE DEUTSCHER JURISTEN

古典私法典的社会模式与现代社会的发展

［德］弗朗茨·维亚克尔 著

傅广宇 译

Franz Wieacker

Das Sozialmodell der klassischen Privatrechtsgesetzbücher und die Entwicklung der modernen Gesellschaft

© C. F. Müller 1953

本书根据 C. F. Müller 出版社 1953 年版译出

德国法学名家名篇

编译委员会主任：米　健
编译委员会委员：王洪亮　冯　军　田士永　米　健
　　　　　　　　邵建东　张　彤　郑永流　舒国滢
选题推荐人、顾问：
伯阳 / 科隆大学（Björn Ahl，Universität Köln）
乌韦·布劳洛克 / 弗莱堡大学
　　（Uwe Blaurock，Universität Freiburg）
何意志 / 科隆大学（Robert Heuser，Universität Köln）
鲁尔夫·克努特尔 / 波恩大学
　　（Rolf Knütel，Universität Bonn）
赫尔穆特·科尔 / 法兰克福大学
　　（Helmut Kohl，Universität Frankfurt）
罗士安 / 明斯特大学
　　（Sebastian Lohsse，Universität Münster）
孟文理 / 帕骚大学（Ulrich Manthe，Universität Passau）
胜雅律 / 弗莱堡大学
　　（Harro von Senger，Universität Freiburg）
编译工作部主任：王洪亮
编译工作部副主任：颜晶晶　王　萍
编译工作部成员：王洪亮　王　萍　刘　铭
　　　　　　　　沈建峰　颜晶晶　傅广宇

"德国法学名家名篇"

序

"德国法学名家名篇"是在1998年启动的,至今仍在实施的"当代德国法学名著"已有工作基础上展开的,可以说前者是后者的姊妹篇。翻译德国著名法学家经典名篇的想法早在"当代德国法学名著"翻译计划执行中期,大概2004年前后就已产生,而且与《德汉法律大辞典》的准备工作同时展开。但是,正像许多事情想着容易,做起来难,这两项工作的实际操作远比想象和设计的难得多、复杂得多。资料上、法律上、技术上和人力上等因素,都影响了既定计划如意展开。不过,更重要的原因是,这些年来,我们的主要精力和时间都投入到了"当代德国法学名著"的翻译计划,而学界对其成果的关注和赞誉,也令我们多少有些"功成名就"的感觉,于是乎,对"德国法学名家名篇"绸缪甚久,雨焉不至也就不那么在意了。2011年,"当代德国法学名著"编委会编译工作部第十一次工作会议上最后明确了翻译工作的重点将从"名著"转移到"名家名篇",两年后,我们终于有了第一批译稿可以付梓问世。

"德国法学名家名篇"译事的立意是:在"当代德国法学名著"译事的基础上,进一步着重从理论、文化的角度翻译介绍能够反映德国法思想基础、理论源流、文化特征和历史传统的学术论文,从而推动更深入、更系统和更准确地认识德国法及其制度的思想与文化基础。"当代德国法学名著"与"德国法学名家名篇"之间并非绝对的区别在于以下几个方面:第一,前者是翻译著作,包括教科书和专著等,后者则是翻译学术论文,简单说,是名著与名篇之间的区别。第二,前者着重于制度和一般理论,后者则着重于学术理论及其思想文化基础。如果说前者的读者群是所有的法律人,尤其是处于本科和硕士研究生学习阶段以及法律实务工作者的话,那么后者的读者群则是所有研究生、法学教师和从事法学研究的人,当然,这并不排除有兴趣探索制度究竟或其学术理论基础的实务界同行阅读。第三,前者有时间跨度限制,后者则没有。"当代"本身已表明文献选材的时间范围,即指向那些对现今德国法学教育和法

序

律制度发展有直接影响的代表性题材，这是当初和德国学者们达成共识的原则与方向。虽然已翻译出版的选题中有个别超出了"当代"的范围，但只是例外。而与此不同，后者的文献选题没有时间跨度的限定，也就是说，它可以超出"当代"的时间范围，十八世纪、十九世纪的优秀作品都在此计划的视野之内。

"德国法学名家名篇"命题的本意是，将德国法学名家的成名奠基之作，进一步说，将德国法律界公认的，对于德国法和德国法学发展具有标志性、创造性和里程碑意义的法学大家的论文，有选择地翻译介绍给中文读者，使他们通过阅读德国著名法学家成名与传世之作，对德国法发展的时代节奏、理论脉络、思想渊源和文化基础等获得更深入、更准确的认识。在此，首先要确定的是"名家"，然后是他们最为重要、最有代表性的文章。应该说，确定既往的名家较容易达成共识，但对当今在世的名家，往往会有不同的意见，而这种评价上的分歧只有通过时间来消除。正因如此，现在读者看到的大部分选题，大都是过往法学名家的作品。当然，这个标准不是绝对的，某些对德国法学或德国法治发展显然具有不可忽略影响的作品，即使其作者的名望尚未经时间塑造定格,也都会被纳入到这个系列中来。

在"德国法学名家名篇"即将问世之际,不由地让我想起许多曾经帮助过我们的德国老朋友,他们有的已经退休,有的甚至已经离我们而去,但他们的友情、帮助和支持曾经是,现在和将来都是我们从事中德文化交流事业的动力。在此,我特别要对一直以来支持帮助我们工作的德方顾问们表示真诚的感谢。他们不仅和我们一起走过了十五年的法律文化交流之旅,而且还将在未来的工作中仍与我们结伴而行。他们的支持和合作是无价的,我们唯一能够回报的,就是向他们致敬,并且为我们共同开辟的事业更努力地工作。

必须要说的是,在过去的十五年里,德国文化交流中心(DAAD)对我们给予了极大的支持和帮助。可以说,没有该中心的支持帮助,"当代德国法学名著"就没有今天的成果,"德国法学名家名篇"也可能就无缘做起。连续十五年对一个项目给予支持,是该中心少有的例外,既表明了它对我们所做项目的重要性有足够的认识,也显示出它对我们长期以来所做工作的信任与肯定。

最后,我还想借这个机会对"当代德国法学名著"编委会和编辑部的朋友和同事,对所有参与过我们翻译

序

项目的同事,表示衷心的感谢。编委会成员来自不同的高校,各有不同的工作岗位,但是为了一个共同的目标,不求任何利益,聚首相谋,同心协力,从而使得一个足以影响中国法学潮流和制度走向的翻译工程成功实施。编译工作部承担着翻译项目实施的各项管理工作,庞杂琐碎,头绪甚多,没有他们的辛勤劳动,翻译工程就难以进行到今天。与此同时,我还想说的是,"当代德国法学名著"之所以能够获得成功,"德国法学名家名篇"之所以能够继之展开,法律出版社和商务印书馆领导、同事和朋友功不可没、情未敢忘。铭感于心,用以自勉矣!

愿"德国法学名家名篇"给有缘的读者带来阅读的愉悦和思想的启迪。

癸巳年晚秋于澳门氹仔学院路

弗朗茨·维亚克尔（Franz Wieacker，1908—1994）

1908年8月5日生于什切青（今属波兰），1994年2月17日卒于弗莱堡。二十世纪德国著名民法、罗马法和法律史学者。曾先后在基尔、莱比锡、弗莱堡、哥廷根等大学任教，获得多所大学名誉博士学位、德意志联邦共和国星级大十字勋章、意大利费尔特里内利奖等荣誉。关于他与"基尔学派"和纳粹的关系，至今存在一定争议。

主要著作有：

《〈德国民法典〉第242条的法理论精确化》，1956年

《古典时期法学家文本各阶段》，1960年

《近代私法史》，1967年第2版

《工业社会与私法秩序》，1974年

《罗马法史》（两卷本），1988年，2006年

古典私法典的社会模式与现代社会的发展

在卡尔斯鲁厄法学研究会的演讲

1952年12月12日[*]

---

[*] 本文为维亚克尔教授1952年12月12日在卡尔斯鲁厄法学研究会所作演讲的文字稿,1953年由 C. F. Müller 出版社以单行本出版,后收入论文集《工业社会与私法秩序》(Athenäum-Fischer-Taschenbuch 出版社1974年版)。本译文根据1953年的单行本译出。翻译过程中,译者曾求教于莱比锡大学法学院 Michael Zwanzger 教授,在此谨致谢忱。此外,哥廷根大学法学院 Okko Behrends 教授为解决此书的版权问题提供了热情帮助,在此一并致谢。——译者

目录

一	5
二	8
三	22
四	29
五	37
六	41
七	47
八	55

一

法的不容变更的原则与可变的现实条件,对"正义"这一所有法的终极目标的实现而言,都是同样不可或缺的前提。如果说,自然法思想和其他对问题更为精确的理解考虑的是那些最高原则,那么本篇小文针对的,则是存在于伟大的欧洲法典主观正义形象中的现实条件。这些法典今天仍然主宰着我们的法律适用。

这一任务并不简单。从伟大的私法立法来解读既存法律秩序的社会人类学和实质社会伦理学前提,要难于从其他的公共生活文件来解读。高度发达的概念语言的技术特性、法的去质化、规范的抽象性势必导致的清晰性的丧失,以及现代法典中立的客观性,会使未做准备的观察者注意不到立法者的伦理和社会前提。由于马克斯·韦伯所描述的法典的这些形式特征,一个社会甚至可以从根本上发生改变,而法典的外在形式和法律技术却不会随之改变;最终,同样的法典类型,甚至是同一部法典,能同样服务于一开始就对立的生活条件或世界观。在一定程度上,这是任何高度发达和理性化的专业法学自身的幸与不幸。因此,在拜占庭的强制与团体国家中,在等级-合作性的中世纪盛期,在近代早期的货币经济和远程贸易中,在专制主义领土国家的重商主义中,以及最后,在19世纪的古典自由主义中,《国法大全》都享有相同的权威。同样,在西欧和中欧,在苏联和其他有反自由倾向的统治制度中,甚至在近东或东亚,《法国民法典》或《德国民法典》类型的现代私法立法都能在未作重大改造的情况下被使用。

由此可见,相同形式的法典类型在世界上广大范围内的统治,或者在社会变化的情况下继续有效,掩盖了晚近与当代法律史的根本事实。如果法律史事实上是全部法律现实的历史,那么,揭示既存法秩序的社会模式及其变迁,也属于法律史的任务;犹如揭示该法秩序隐蔽的构思,它起初被科学传统在文献、人文和概念上特定的连续性所遮掩。这一科学的和专业的传统，自然是专业的法律史和法教义学的中心；但是，它本身尚未提供各时代法律精神的完整信息。在以下文字中，本人将斗胆以《德国民法典》为例，在这方面作一粗略尝试。该样本同时也能说明19世纪中欧和西欧整个私法发展的特征；对个别发展阶段的迟延，行文中会作附带说明。

二

    1900年的《德国民法典》，实际上形成于19世纪最后25年（1874—1896）。对专门科学传统而言，它是潘德克顿法学的成果，①因而初视之下显得与《法国民法典》及其追随者有根本的不同。那些西欧的法律，直接产生于较晚的自然法对理性的信仰，产生于主权民主国家绝对的法律创制主权的理念。② 1814年，德国自然法和罗马法学者蒂堡同样也受到拿破仑立法的

---

① 拉德布鲁赫（Radbruch）：《法哲学》（1950年第1版），第128页以下、第168页以下；维亚克尔（Wieacker）：《近代私法史》（1952年），第256页以下、第284页以下。
② 莫内（P. Monet）：《法国大革命的知识起源》（巴黎，1933年），第17页以下、第112页以下；蒂梅（Thieme）的论文，载《萨维尼基金会杂志（日耳曼法卷）》，第57卷（1937年），第359页；维亚克尔：前引书，第157页以下。

影响，主张这样一种统一的"民族国家法典"。③但是，即便是对我们的科学史仅仅略有所知的人也知道，受政治浪漫主义和谢林哲学的影响，萨维尼随即对该计划予以抵制，并因以下原因而获得了成功：在维也纳和会后，欧洲的复辟势力不允许在德意志（和意大利）存在统一的政治民族国家，同时也担心，一部民族国家法典会推动民族国家民主这一他们最大的敌人发展。④

然而，我们进一步观察就会看到，《法国民法典》和德国式法典类型在思想基础上的对立是模糊的。自1848年以来，从历史法学派较旧的潘德克顿法学向德意志民族国家法典的发展，是在自由民主力量的催促下实现的。而同样的自由民主力量，也支撑了法国、比利时、意大利和瑞士的欧洲革命。在此过程中，新的立法得以与潘德克顿法学的法律文化直接联系起来。

---

③ 蒂堡（Thibaut）:《论制定一部德意志统一民法典之必要性》，海德堡，1814年；拉德布鲁赫：前引书，第108页；维亚克尔：前引书，第234页。
④ 维亚克尔：前引书，第234、271页。

因为,与外在表象不同的是,这种法律文化真正的伦理和政治实质,并非历史法学派文化上的浪漫主义和好古的人文主义。⑤ 新人文主义在古典盛期的德意志知识阶层中恢复了法学的尊严和名声,并唤起了空前的学术热情,但它却缺少系统的成果。浪漫主义的历史形而上学,也未给民法科学提供规范的法律伦理的稳定框架,以及民法科学所需要的完整的概念体系。19世纪的潘德克顿法,在普赫塔到温德沙伊德的教科书中得到了经典的、欧洲性的有效表达。其实它与西欧诸法典并无不同,也是建立在自然法较晚的理性主义分支的体系和概念基础之上。这一分支的思想前提,存在于伽利略的物理学世界观和笛卡尔的批判理性主义中;其体系家,则是霍布斯、普芬道夫和克里斯蒂安·沃尔夫。潘德克顿体系可追溯至克里斯蒂安·沃

---

⑤ 兰茨贝格(Landsberg):《德国法学史》,第3卷,第1分册,第257页;科沙克尔(Koschaker):《欧洲与罗马法》(1947年),第261页;埃里克·沃尔夫(Erik Wolf):《伟大的法律思想家》(1952年第3版),第585页以下。

尔夫的法学弟子，主要是内特尔布拉特和达耶斯。⑥潘德克顿法学的概念形成虽然在方法上借用了黑格尔的理论，但与克里斯蒂安·沃尔夫同义反复的理性主义并无本质的不同。

只是在其实质伦理学前提下，潘德克顿法学有别于西欧经自然法重新整理过的共同法。它放弃了所有前康德时期自然法理论中不加批判的人类学。这种人类学一直存在于亚里士多德－托马斯主义社会理论诸传统中。认识这一基础通常是很难的，但作为善于哲学思辨的法学家，历史法学派的创立者们在这方面并不亏欠我们什么。对那些仅仅建立在实践传统或自治的专门科学的技术基础上的法律，我们对其伦理学前提的追问往往得不到答案，除非我们对一种历史形成的法律秩序的"精神"作或多或少直观的解释，正如孟德斯鸠这样的道德主义者、黑格尔和甘斯这样的历史形而上学主义者以及耶林和马克斯·韦伯这样的实

---

⑥ 尤其可参考施瓦茨（A. B. Schwarz）的论文，载《萨维尼基金会杂志（罗马法卷）》，第42卷（1921年），第578页以下。

证主义者以不同的方式所做的。然而，哲学性的法学却乐于对其前提予以说明。尤其是萨维尼的《当代罗马法体系》毫无疑义地表明，萨氏对主观权利所作定义，是以康德的形式的义务伦理学和自由伦理学为基础的。主观权利被特别地确定为"意志力"，并不能从较早的（如约翰·洛克的）西欧自由理论，而须从康德的道德自由概念去理解。与1794年《普鲁士普通邦法》和1804年《法国民法典》完全相反，但与蔡勒起草的《奥地利普通民法典》和费尔巴哈起草的《巴伐利亚刑法典》一致的是，潘德克顿法学不再信奉前批判时期较早的自然法的义务理论，而是信奉义务与权限的形式概念。这种概念产生于道德人格绝对和无限的自治，其基本原理，是自己的自由与任何他人的自由之间最理想的一致，个人行为的准则对一般规范的适应，以及绝对命令。⑦

---

⑦ 关于萨维尼的影响，参见科英（Coing）:《第三届国际比较法大会之德国专题报告》(伦敦，1950年)，第199页以下；关于潘德克顿法学与旧自然法的关系，参见韦尔策尔（Welzel）:《自然法与实质正义》(1950年)，第165页以下。

古典私法典的社会模式与现代社会的发展

然而，19世纪的经济社会，决不像主观唯心主义思想家那样只是将自由理解为道德的自由。在这样一个社会，潘德克顿法学伟大的伦理学构想并不能得到长久的追随。实际上，历史法学派理论中的自由，肯定是在古典的欧洲个人主义的意义上被理解的。由此也就产生了19世纪德国与西欧在法典编纂理想上更大程度的接近。尽管其创立者们在理想和政治上多数有保守的倾向，但潘德克顿法学的理论前提却大多符合这样一些社会阶层的政治和经济理想，他们在19世纪以社会进步的先锋，尤其是市民阶级中企业主阶层的先锋自居。这一被解放的市民阶层，同时也自认为是努力追求政治性民族国家的代表和正确的经济、社会伦理行为的典范。在这一时期的德语小说，比如施皮尔哈根*和古斯塔夫·弗莱塔克的宏伟叙述（后者的《借方与贷方》），或者冯塔纳谨慎而透彻的社会批判中，他们备受称赞或质疑，就像在巴尔扎克的《人间喜剧》

---

* 当指俾斯麦时期的社会小说家弗里德里希·施皮尔哈根（Friedrich Spielhagen, 1829—1911），原文误作 Stavenhagen。——译者

或维多利亚时期英国的社会小说中那样。

如果我们考察德国和其他西欧、中欧国家社会进步和工业革命的先锋们所信奉的两种政治理念，那么，在自由主义与民主主义之间的深刻对立中，我们会找到现代私法典的社会伦理基本观念在今天的社会中并不稳定的原因。在对君主专制国家的共同斗争中，这两种理念取得了统治地位。它们一开始就是不可调和的，却又是彼此砥砺的对手。它们的思想源头就已决定了这种局面：自由主义植根于旧等级的宗教和政治自由，这些旧等级在欧洲的老共和国战胜了君主专制主义，尤其是在英国及其北美的垦殖地、尼德兰联省共和国、1848年前的瑞士联邦以及德国的一些自由城市和农业社区；相反，现代民主主义则是专制统治者的直接继承人。让·雅克·卢梭将专制统治者的权力转移到了公民的共同意志上。在关于个人与国家社会之间关系的原则性看法上，两种理念可谓水火不容：自由主义主张个人或自治团体尽可能摆脱国家，民主主义则主张公民尽可能多地参与政府运作，以至于统治者和被统治者趋于同一。最后，在关于社会任务边

古典私法典的社会模式与现代社会的发展

界的问题上,它们的观点也针锋相对:自由主义要尽可能地限制国家任务,以使个人的发展不受阻碍;[⑧]民主主义则主张最大可能地扩张国家任务,从普遍的服兵役、受教育和纳税义务,到普遍的照管和全面的政治教育。

今天,19 世纪民族国家社会两种理念成分之间这种最初的对立,在西欧和中欧的福利国家和行政国家重又清楚地显现出来。这里我们可以提及英国两大政党的对立,以及意大利、法国和西德的类似情况。在 19 世纪,这种对立经常似乎已取得和解或是被掩盖,因为在对封建主义或专制主义的斗争中,以及后来在对革命的社会主义的共同恐惧中,自由主义与民主主义有同仇敌忾之感。该世纪伟大的私法法典,同样是建立在此种可协调性的表象上,而这也是这些法典在当今的欧洲社会处境艰难的原因所在。这一表象,在当今的欧洲社会已被证明是虚假的。因为,自由和平

---

⑧ 典型的如威廉·冯·洪堡的早期作品,他的"试确定国家作用的边界";关于特别的先决条件,参见沙夫施泰恩(Schaffstein):《威廉·冯·洪堡》(1952 年),第 74 页以下。

等最多是就公民在整体化民主中的政治地位问题态度一致，而在经济利益支配问题上，二者事实上却不能调和。因此，一个立宪国家越是成为以安排这种利益支配为主要任务的行政国家和福利国家，那些伟大的老法典的理想就会变得越发可疑。自由主义企业主阶层的自由激情，与无等级的民主国家的平等激情，即便在当时，也只能在这样的前提下相互认同："富人与知识阶层"，也就是经济的和文化的自由主义理想的承担者，感到自己是民族国家社会具有决定性的代表，并在总体上能让民族国家的其他阶级可以接受或被迫接受他们的这种要求。这种情况，在法国大革命中以经典的形式出现过。在罗伯斯庇尔镇压了埃贝尔派*社会主义，尤其是在极端的恐怖主义逐渐消退后，大资产阶级成了大革命的胜利者和得益者。半个世纪后，这种最高权力在德意志和意大利以另一种形式被夺

---

* 以埃贝尔（Jacques-René Hébert，1757—1794）为首的雅各宾派左翼激进派别。1794年3月14日，"救国委员会"逮捕了埃贝尔及其17名追随者。3月24日，他们被以搞阴谋的罪名送上断头台。——译者

取,那里在几十年后发生了货币和工业的革命。比如,1848年欧洲革命在德意志和意大利的承担者绝大多数是民主的自由主义者,而法国则先行一步,革命的承担者部分已经是革命的社会主义者。从此刻起,旧的自由主义社会的主张第一次开始成为虚构。

自由主义与民主主义在19世纪政治的时代精神上紧密但并不持久的联系,在1848年至1896年的德国法典编纂史中,以有力的事实表现出来[9]:在从蒂堡到格奥尔格·冯·贝瑟勒的民族国家民主的法典编纂主张中;在1848年《帝国基本法》(第64条)规定的"在德意志民族中建立法律统一"的立法权限中;在德意志邦联和北德意志邦联(1867—1871)恰恰是关于商法、债法、汇票法和工商业管理法的立法中;在1871年后民族国家自由派为争取俾斯麦未给予帝国的全部民法领域的立法权的斗争中,以及作为他们胜利标志的《拉斯克法》(*Lex Lasker*,1874)中;最后,在为

---

[9] 最近的概述参见维亚克尔:前引书,第273页以下、第265页以下、第279页以下。

将此一胜利又加以限制的各种所谓的邦法保留所作的斗争中(《〈德国民法典〉施行法》第55—152条)。相应的发展，也出现在稍晚的瑞士法典编纂运动中。⑩

潘德克顿法学和这种立法因其特性，特别符合自由的民主主义对私法的要求：

1. 就民族国家政策而言，共同的德意志潘德克顿法学在整个德国，甚至是在整个德语地区，维护了统一的法律形成和法律续造，也因此而符合德意志统一运动的理念与现实。

2. 就经济政策而言，在契约自由、所有权自由和遗嘱自由这三种私法自治的基本形态中表现出来的法律上的形成自由，正符合早期和盛期资本主义扩张的、全面的企业主社会的期望；后者作为开拓者的社会，特别依赖契约缔结、资本投资和自由的继承。

3. 就社会政策而言，在法典编纂无身份差别的统一性中，对旧的出身身份和职业身份的权力剥夺和差

---

⑩ 埃格(Egger)：《〈瑞士民法典〉的产生与内容》(1908年)；也见维亚克尔：前引书，第294页。

古典私法典的社会模式与现代社会的发展

别消除得到了表达。作为商人阶层法的商法中那些表面上的例外，事实上并非身份法。因为每个人都可以从事商业经营，商法不过是商业活动的特别法。按照这种活动的要求，商法提高了一般私法的形式主义和合理化；正是因为这些特点，商法具有典型性地成了一般债法的"开路先锋"。正是体现着这些特点的契约缔结和契约展开的技术规则，1900年从旧的《德意志普通商法典》转移到了《德国民法典》（第130条以下数条；第325条以下数条）。⑪ 同样具有典型性的，还有对那些交易的选择，它们因特别商法而被赋予特权，但同时须遵守特别的纪律：这是企业主阶级的职业活动，拿破仑《商法典》就已对这类活动予以鼓励。⑫

尤其是1896年的《德国民法典》，可谓潘德克顿法学和1848年以来主要由自由主义引领的民族国家民

---

⑪ 在此过程中，因对非常特别的解决方案的一般化，民事契约法的一些基本问题显然被不正确地描述。对违约（Vertragsverletzung）这一中心概念干脆被奇怪地取消，以及确定可辨认的"不履行"（Nichterfüllung）并入到"不能"（Unvermögen）中，都只能作这样的解释。

⑫ 参见维亚克尔：前引书，第212、275页。

主运动晚产的婴儿。它于20世纪的第一天被宣告生效时，盛期资本主义已是夕照余辉。该法典被设计的时代，是很难预见即将到来的欧洲革命的。因此很自然的是，它非常冷静，对新的胜利或即将来临的危险毫无激情，信奉的是私法的三项基本自由：第305条体现的债法上的契约自由；第903条体现的所有权（尤其是土地所有权）自由；第1937条体现的遗嘱自由（这一点较不易为人觉察，而且保留了其实内容贫乏的必留份规定）。如果说所有这些的作用都苍白无力的话，那么更重要的，是要看看民法通过沉默拒绝了哪些实质性的秩序原则。例如第138条第2款通过对暴利行为主观要件的规定，未考虑"公正价格"（*justum pretium*）、"非常损失"（*laesio enormis*）或固定的最高利息；又如通过第241条以下数条的沉默和第321条、第610条中的例外规定，未考虑"情势不变条款"（*clausula rebus sic stantibus*）这一任何实质私法伦理学的基本问题；最后，再如它将货币之债沉默地作为面值债务对待，其数额不受币值波动影响。所有这些决定都表明，《德国民法典》与旧的"潘德克顿现代应用法学"和进步的、受自然法影响的诸法典存在矛盾。因此,在一种特别的自由主义的意义上,亦即从有利于私法的特定选择功能来看,《德国民法典》信奉的是"为清醒者而写的法律"(*leges vigilantibus scriptae*)。

  《德国民法典》的这种精神,与这方面较少自由主义色彩的《法国民法典》或1865年《意大利民法典》的精神实际上仍然并无不同。在《德国民法典》中得以存续的历史法学派的人文主义,也不能将该法典与那些旧法典区分开来。因为在民族国家革命的和自由主义的因素之外,《拿破仑法典》其实也以一种人文主义的罗马法传统,即优雅法学的传统为基础。[13]

---

[13] 萨尼亚克(Sagnac):《法国大革命中的民事立法(1789—1804)》(1898年);蒂梅:《自然法与欧洲私法史》(1947年),第26页以下。

三

照此,如果我们愿意表达得尖锐一些,西欧与中欧诸法典的社会模式,建立在经济社会中一个阶级对其他阶级夺权的基础之上;它使"有产的市民阶级"成为民族国家法律秩序的主要代表,而且这必然是以损害其他阶级和职业阶层利益的方式达成的。如果说上文已经表明,民法秩序的形式理想是如何正好符合那些追求扩张、富于进取心和资本雄厚的工业革命先锋们的要求,那么这也已经说明,这些理想的实现,侵害了那些生活条件与之不相符的阶级的利益。这些阶级彼此间的差异明显,如大地产所有者,农民和手工业者这样的传统职业阶层,或者雇佣劳动者阶级,而后者在德国的工业革命进程中也是从传统职业阶层的后代中产生的。契约自由、所有权自由和遗嘱自由对于企业主阶层已成为十分重要的工商业准则,但对于上述职业阶层和阶级，在最好的情况下也不属于重要利益，倒是往往还构成对他们固有生活条件的威胁。对于这些阶层和阶级中的最强者和最弱者，这一点都是适用的。

甚至是对各邦君主这样实施统治的上层贵族，以及与其地位相当的阶层，民事上一般的人法和家庭法也会对传统和特权造成很深的侵犯，如果他们没有通过特别的"君主私法"摆脱这些一般法的话。作为特权阶层的大土地所有者，尤其是在普鲁士，仍然视自己为公权力的拥有者。他们发现，土地所有权人的自由处分和遗嘱自由，削弱了他们封闭的继承传统，而这种传统又意味着他们公共影响力的经济命脉。自由的土地信贷与企业主社会的资本投资需求如此合拍，它通过使土地所有人负重债和被驱逐出世袭地产，威胁到经济上迟钝或落后的大土地所有者。为寻求应对所有这些危险，保守主义与进步势力作了艰苦但最终富有成效的斗争，以争取世袭财产（Stammgüter）*和

---

* 指完整地传给贵族父系男性后代的不可变卖的家族财产。——译者

遗产信托（Fideikommisse）*的继续存在。

但是，所有其他的阶级和职业群体，都未能或未能足够地贯彻一种特别的法律秩序，使自己摆脱市民法秩序的威胁。大型和中型农村地产的所有者同样也受到威胁，如遗嘱自由导致的土地分割，接受贷款导致的过度负债，以及因个人能力有限而导致的强制执行的大门洞开。各邦和各省的农地继承法尝试对抗这些危险，但并未触及农村土地所有权人的处分自由。对于农村的小地产，如果它与大地产直接为邻，过度负债和土地分割是致命的危险。在没有国家的农民保护立法介入的地方（如梅克伦堡和东易北河普鲁士的一些地区），小地产正是在农民解放后，才在一种经济

---

* 即家庭遗产信托，源自罗马法，为德意志诸邦所接受，指立遗嘱者可以作为"捐赠人"，将家庭财产的一部分从其他部分分离开来，不得分割和转让。该制度的主要功能，在于保护贵族的宫殿、城堡、庄园等家族财产不被分割、世代传袭。在拿破仑占领的德意志诸邦国，遗产信托一度被废除或受到严格限制，但1815年维也纳和会后又被恢复。按照《德国民法典施行法》第59条，遗产信托制度得以保留。此后，1918年《魏玛宪法》又规定废弃该制度，但直到1938年，遗产信托才最终被废除。——译者

古典私法典的社会模式与现代社会的发展

自由的法律秩序下减少或消失的。⑭

手工业缺少资本,而且很快就受到工业的竞争威胁。墨守成规的经济观点和陈旧的经营形式,使手工业变得缺乏竞争力,对工业的经济和社会变革经常束手无策。那些投身于新社会的手工业者,将构成未来的技术工人的骨干力量和工人阶级的政治精英。在另外一些情况下,手工业者自己成了大企业主和工业先驱。直到现在,手工业工场都被划入那些新的生产方式中,因为它们变成了大型生产企业的车间,似乎失去了独立地位。

在那些经典的、今天已成为公共意识的分析和檄文中,社会主义的(尤其是马克思主义的)社会批判已经描述了,正在形成中的雇佣劳动者阶级以何种方式受到旧自由主义法律秩序各种自由的威胁。使早期和盛期资本主义滥用雇佣劳动成为可能的法律制度,又是契约自由,只不过是以个人劳动契约的"自由"这一特别形态出现罢了。在其原始形式上,个人劳动

---

⑭ 马克斯·韦伯:《经济史》(1923年),第54页以下。

契约的"自由"事实上是服从更强的经济力量的自由。这样一种自由引起了更激烈的嘲讽,因为其必然的对应物——后来成了一种强大武器的结社自由,曾长期遭到法律秩序有意识的、有时是倾向性的拒绝。《德国民法典》中"无权利能力社团"⑮这一丑陋的形式(第54条),就是这种基本的不公正的明证;通过求助于合伙契约的私法自治,亦即求助于契约自由,结社自由被典型地回避了。*契约自由与结社不自由之间的对立,是少数令人遗憾的、可能导致将市民法秩序解释为阶级统治手段的篇章之一。

因此,如果真实的情况是,只有在经济自由主义

---

⑮ 关于对无权利能力社团的歧视的深入探讨,参见伯默尔(Boehmer):《民法秩序基础》,第2卷,第2册(1952年),第168页以下,其中第167页有文献提示;另见施托尔(Stoll)的论文,载《帝国法院实务》,第2卷(1928年),第61页。

* 《德国民法典》第54条被普遍视为立法上的败笔。它强行为无权利能力社团穿上了民事合伙的外衣。照此,以无权利能力社团名义对外从事法律行为者,须承担个人责任,甚至是在有代理权的情况下。伯默尔称该条"对法律现实有意识地作了倾向性的歪曲",并指出,1900年以来的政治、社会和经济发展,进一步加剧了规范与生活之间的矛盾(前注引书)。——译者

古典私法典的社会模式与现代社会的发展

的代表人物同时感觉到自己也是民族国家民主先驱的情况下,个人的自由(即自由主义)与民族国家社会的完全融合(即民主主义)表面上的一致才是可能的。如果这是真的,那么,关于经济社会的一个阶级对所有其他阶级夺权的认识,也已意味着这样一种预言:19世纪的市民法秩序将不能实现民族国家社会的社会融合。因为在西欧,特别是在法国,有产的市民阶级已完全与国家融为一体,所以,没有人比法国的革命的社会主义者和共产主义者在其与资产阶级的斗争中,更尖锐地表达出这种必然的冲突。此一斗争,在1848年和1871年达到了血腥的顶点。凭着内在的真实这一诗人的特权,作为那些伟大的道德主义者继承人的阿纳托尔·法朗士*,在其小说《红百合》中借老巴黎公社社员舒莱(即诗人魏尔兰)之口说道:"革命是傻瓜和白痴们干的事情,有利于那些贪婪地攫取国家财富的人,以及那些大发横财的狡猾农民和牟取暴利的资

---

* 法朗士(Anatole France,1844—1924),法国作家,1921年获诺贝尔文学奖。法朗士持左派政治立场,作品中多有社会批评,晚年加入法国共产党。——译者

产阶级。革命以平等的名义建立起了富人的帝国，将法国交给了那些上百年来将法国掏空的有钱人。这些有钱人才是国家的主人。"⑯ 接下来的则是更为著名的关于法律的嘲讽，即这些法律以其庄严的公正，以同样的方式禁止穷人和富人偷窃、乞讨和露宿桥下。

在有产的市民阶级与旧阶级共享国家权力，或者根本就没有从旧阶级取得国家权力的中欧，有产者社会的法律理想和无产者的正义观念之间的冲突，并非总是表现得如此简单明了和采取了如此清晰的措辞。事实上，这种冲突在中欧也是存在的。因这种冲突能展示我们法典的旧社会模式今天的危机最初的情况，故以下首先应考察19世纪的那些反对力量。主宰它们的，不再是自由的激情，而是应成为我们时代巨大诱惑的秩序和安全的激情。它们的主要载体，是社会主义的理念和国家经济干预的实践。但其他的战斗伙伴也不应被忽视。

---

⑯ 《红百合》，第七章第一节。

四

（一）被忽视的那些职业阶层和阶级对自由主义法秩序基础的意识形态抵抗，比根据19世纪一般社会批评的规模可推测的程度要弱。因为国民经济学家、社会学家和社会批评家往往习惯低估形式的法律理想对社会现实的影响，而法哲学家和专业法律人又并不经常充当其所处社会的批评者。

1. 被法国大革命唤醒的欧洲的保守主义，其社会理论一般都忽视自由私法的正义任务，因为它们将传统、权威或国家命令视为维护正确的社会秩序的手段。因此，本文的中心问题，即处分经济利益的自由与正义能以何种方式被统一起来，并非保守主义原则上的出发点。

2. 主要因卡尔·马克思的代表作和法国社会主义

者的所有权批判而在今天众所周知的社会主义批判，认识到私法是一种社会秩序的模式，因此也知道它能作为阶级统治的武器而被滥用。但是，社会主义批判仅仅将法看作社会现象，因而放弃按私法形式上的法理想进行社会改造；它认为，以私法创制的手段来建立更公正的社会秩序（特别是财产分配秩序）的可能性太小。拉萨尔*的《（传来）取得权利体系》一书最清楚地表明，社会主义批判发现，作为和平秩序的实证法还不能服务于一种更加公正的新分配；但它并未认识到，任何法作为和平秩序的特点，排除了在维持法律思想该特点的情况下去作剧烈的社会改造。这种局限并不能改变的是，社会主义的私法批判（其最重要的文献，是维也纳的讲坛社会主义者门格尔关于民法与无产阶级的书籍[17]及其同胞莱纳的著作）不容辩驳地指出了，私法上的形成自由倘若只是一种形成机会，

---

* 拉萨尔（Ferdinand Lassalle，1825—1864），19世纪德国政论家和社会主义政治家，早期德国工人运动的代言人之一。——译者

[17] 首先是门格尔（Menger）1890年对《德国民法典第一草案》的直接表态。

在个体的经济起点不平等的情况下，久而久之会因机会较少而导致不自由。

3. 与保守主义的和社会主义的批判无关，奥托·冯·基尔克在其对《德国民法典第一草案》的著名批判中，对自由主义的私法提出了责难。要从该批判中吸取精华并不容易；因为，要认识基尔克这位或许是其所处时代最具前瞻性和最深刻的私法批判者，就有必要去掉其社会理论中那些民族主义和浪漫主义的叠加、法律的形象化语言以及实证主义的偏见。⑱ 在这里全盘讨论其广博的社会理论，也是不可能的。⑲ 但我们在本文的结尾将会认识到，也许没有任何其他一种19世纪的法律构想，比基尔克对作为一种任务的社会法的发现，更有预见性地先认识到20世纪自由法秩序的社会精神。

---

⑱ 关于奥托·冯·基尔克的最新论述，参见埃里克·沃尔夫：《伟大的法律思想家》（第3版），第663页以下，该书第706页以下提供了最丰富的文献索引。略有不同的观点参见维亚克尔：前引书，第267页以下。

⑲ 《合作社法》，第1—4卷；《合作社理论与帝国法院的司法实践》（1887年）；《阿图修斯》（1880年）；《人类社团的本质》（1902年）。

（二）但是，对市民法秩序的自由主义的限制，不仅来自意识形态的对手，还来自19世纪实际的国家权力。尤其是在德意志，各邦国的立法和行政从未允许自由主义理想不受限制的统治。因该现象是19世纪中欧特殊的宪法状况的产物，而在盎格鲁-萨克森和罗曼语族各国均未以这种形式再现，故有必要在此对它再稍作考察。

在所有德意志邦国，尤其是在普鲁士、萨克森、奥地利和南德意志诸邦，政府视公共秩序、公共福利的促进和邦国经济发展为自己义务的程度，也许比在西班牙、法国和意大利外族王朝衰落中的专制主义还要高。德意志专制国家在管制方面那些令人生厌的特征，在非德意志的土地上尤其可能变成狭隘的暴政；但这些特征不应使西欧的观察者形成一种错觉，即德意志当权者在德意志公民中享有的几乎令人费解的信誉，主要归功于这种照顾给付。

因此，德意志专制国家对自由主义私法不受限制的统治所设置的范围，比在其他西欧和中欧国家要更加狭小。它所作的种种保留，既是反动的，又是福利

古典私法典的社会模式与现代社会的发展

国家性的。

1.那些反动的保留,服务于确保仍然居于统治地位的阶级的利益和观念。世袭君主和等族领主[*]的亲属法和继承法被特别的"君主私法",土地法被世袭财产和遗产信托的保留,庄园雇工和农业劳动方面的劳动法直至1918年都被家长制的雇工法和雇佣法[20],从建立在自由、平等基础上的一般民法中抽离出来。

2.此外,各德意志邦国的国家权力历来就无私地关心那些不被市民阶级代表的阶级的利益。这既适用于农民和手工业者,而且在稍晚的一个阶段,也适用于工人阶级。

(1)任何不依靠大土地主的军事和政治合作的国家权力(例如在普鲁士),都勤勉地致力于保护农民免受大土地制和自由经济社会的侵害。它不准"圈地",

---

* 等族领主(Standesherr),指神圣罗马帝国解体过程中(1803—1815)由直属于帝国降为附属于邦君的少数上层贵族。这些贵族虽然失去了对帝国事务的直接统治权,但在门第上仍与实施统治的王族相当。1815年维也纳和会上签署的《德意志邦联条例》赋予他们部分特权。1848年至1918年,等族领主的特权逐渐消失。——译者
[20] 因民众代表1918年11月12日的呼吁而被废除。

即由庄园主没收农民土地;它通过整体的继承预防土地的分割("农地继承法");它通过合作社性的自助来组织农业信贷(骑士合作社和农村土地信贷机构),并为抵押负担确定"负债范围"。

(2)公共的狩猎权、渔业权、取水权、建筑权以及无数其他公共的所有权限制,都为土地所有权人的自由处分设置了边界,只要它与一种有秩序的土地经济的要求相冲突。

(3)自1869年开始,公法也无限制地认可了工商业自由(《帝国工商业条例》)。但至少在手工业、采矿[21]和其他需要特殊技能的职业,德意志福利国家并未放弃针对工商业自由的坚决保留。在这个各种城市行会的发源地,对各行业的承载余地作福利国家性和合作社性安排的思想,一直保持到今天。驻扎在我们国家的那些美国先生们,1945年后尝试在他们的占领区引进彻底的工商业自由,但他们的尝试从未得到政府

---

[21] 相关概述参见沃尔夫(M. Wolff):《物权法》,1932年第9版,第96章以下;黑克(Heck):《物权法》,第114章;维格尔特(Weigelt):《普鲁士矿业立法》(1933年)。

（4）革命的社会主义的形成，使俾斯麦意识到自由的劳动契约对社会和平的威胁。这位伟大的政治家当时并不能预见，第四等级不愿只是得到经济补偿，而是要求参与民族国家社会的融合。但他身上或许仍保留着贵族的旧传统，即君王应该保护他们贫穷的臣民免受富人的侵犯。秉持这一传统，他不顾自己不太喜欢的市民阶级大企业主阶层的反对，创造了一种社会保险制度。该制度将国家干预和社会性的帮助他人这两种思想建设性地统一起来，就此而言，它可以证明自己是对一种新正义的颇有前途的发现。作为已经过时的封建生活感情的承载者，俾斯麦创造了一件作品，先行实现了20世纪革命的那些积极内容，因而为一种历史的和道德的伟大提供了清楚的证明。[22]

但社会保险尤其能典型地说明，旧专制主义国家的权威，何等顽强地继续存在于现代国家的福利制度

---

[22] 奥托·福斯勒（Otto Voßler）:《俾斯麦的社会政策》，载《历史杂志》，第167卷，第43页以下。

和社会主义制度中。这一传统的强大表明,为何恰恰是在德国,今天的社会改革中国家社会主义因素会如此强大。在其极富洞见的关于"普鲁士精神与社会主义"的论文的标题中,奥斯瓦尔德·斯宾格勒就已经以其尖锐的方式勾画出这些因素。来自第三等级一度完全战胜了专制政权的那些国家的观察者们,会不无恐惧和反感地注意到这种结合。德意志的自由主义者也有充分的理由产生相似的感受。

五

如果我们在几分钟前将《德国民法典》称作古典自由主义晚产的婴儿,那么这一说法只是在加上如下限定时才是有效的,即旧德意志诸邦为君主私法、封建的和农民的土地所作专制的和福利国家性的保留,公共的土地法,工商业自由的限制以及公共的劳动法,都不允许自由主义的社会模式充分实现。在《德国民法典施行法》所作的无数保留中,这些保留的范围清楚地表现了出来;人们称它们为"法律统一的损失清单",但或许更有理由称它们为自由主义的损失清单。

尽管如此,《德国民法典》还是将19世纪市民社会的理想法典化了,这一点也是真的。这一论断并不因以下事实而受到限制,即该法典的个别部分保留了专制的或家长制的特征,而在其他一些情况下则给予

未来的社会需要以空间。㉓

1.这种家长制的特征尤其统治着亲属法：既包括丈夫的决定权占上风的人身性的婚姻法，也包括到今天才期待彻底改革的夫妻财产制。同样，亲子关系法和监护法也是以家长制的、此外在伦理上合乎常情和贴近现实的考虑为基础的。财团法和1918年以前的社团法，也显示了法典的专制特征。

2.当《德国民法典》的编纂者们打量着主要由基尔克的第一草案批判所主张的社会因素时，他们是不无骄傲的。实际上，该法典在这方面完全超越了较旧的欧洲诸法典。但这些社会因素的来源却很不一致。它们部分来自伦理上有牢固基础的自由主义对干净的经济竞争规则的兴趣（参见第138条第2款；第243、1229、1136条），部分则来自某些职业阶层（尤其是农业领域）的利益，这种利益能在议会获得承认（蜜蜂法、牲畜瑕疵责任和《德国民法典》1908年版本中的动物持有人责任）。在租赁法中，对处于社会弱者地位

㉓ 本节以下内容根据维亚克尔：前引书，第289页以下。

古典私法典的社会模式与现代社会的发展

的承租人进行保护的需要，至少已被立法者认识到了。雇佣契约中实质上健康和进步的、有利于劳动者阶级的保护规定（《德国民法典》第616—619条；第626条），其措辞仍然散发着家长制的生活气息。相反，材料加工者的所有权取得（第950条）遵循的是日耳曼法的"制造原则"，与罗马法传统对立，是一种对政治浪漫主义非常不切实际的坚持。因此，《德国民法典》中广受赞誉的"社会的油滴"，更多的是这一市民阶级立法道德上健康的证据，而非对将来的福利国家的允诺。

因此，即使我们应当承认《德国民法典》是旧市民阶级最后的胜利纪念碑，那也只是一场皮洛士式的胜利*。19世纪欧洲各国法典编纂的背后，是市民阶级的经济社会与整个民族国家的等同。它使得个人主义的法典可能同时也是一份民族国家融合的文件；这种民族国家是现代的，有发展为整体民族国家的趋势。这种独特的局面，在代表阶级的威信和经济统治动摇

---

* 公元前279年，古希腊伊庇鲁斯国王皮洛士战胜罗马人，但也为此付出了惨重的代价。——译者

的时刻消失了。在《德国民法典》的摇篮中，就已投下即将到来的新的欧洲革命最初的阴影。第一次世界大战成为这些阴影爆发的信号。一战后它们继续成长，终于形成巨大的规模。随之而来的，是悄无声息但彻头彻尾的社会形象的变革。这种社会形象，构成了今天私法的基础。

今天，即便最缺乏天赋的人，也已因那些循循善诱或危言耸听的套话而意识到这种变革。但历史学家和私法最新发展的解释者，却负有比重复这些陈词滥调更朴素些的，也许不能赢得赞赏的使命。如果他无奈地懂得，相同的口号意义可能截然相反，而截然相反的口号意义却可能相同，那么他宁可搁置那些口号而去追问，各民族的日常生活中因改变社会秩序的特殊法律手段发生了什么，以及什么可以被称作不受政治变迁影响的、长期的方向性趋势。在我们周围发生的这些，而非话语，显然才是长久的和能指明前景的。因此，接下来我们要追踪第一次世界大战以来私法悄无声息的改造，它是因法院判决和社会法立法中已被证明是稳定的那部分而发生的。

六

经常被斥责为脱离现实生活的民法学,其最重要的成就或许是这样一种变革,它赋予1900年的伟大法典以一种新的社会模式,又未抛弃该法典的传统。过去半个世纪,在帝国法院的引领下,法院判决将作为德国私法秩序基础的形式的自由伦理,变回到了实质的社会责任伦理,而公众对此几乎没有觉察。说"变回",是因为法院判决因此而回归到较旧的欧洲共同法和自然法的伦理学基础,虽然这些大多是在不自觉的情况下发生的。这一观察,可借助专业人士早已熟悉的四个例子*予以证明:对意思表示的评价、作为有机体的债务关系、情势不变条款以及所有权人义务的

---

* 原文如此,尽管下文作者似乎举了五个例子。——译者

续造。

1. 统治着意思表示解释的，是从潘德克顿法学的"意思教义"，或与其针锋相对的所谓"表示理论"，向"信赖理论"的过渡：一项表示被赋予这样一种效力，使做出理智判断的受领人可以将该效力与表示联系起来。这是向自然法在法律上赋予人类表示的核心功能的回归。社会事实法律效果客观化的一种类似趋势，表现在最广义的所谓"权利表象"效果的扩大，以及"事实的"法律关系与"任意的"法律关系效果上的接近。两种趋势的共同之处在于，契约不再作为一种个人的、自发的意思确认，而是作为对一种典型的超越个人的社会功能的执行而出现；它们共同的背景，是个人主义的经济社会向社会典型性结构化的"生存照顾"社会转变，以容纳现代行政国家设定的目标。[24]

2.《德国民法典》仍将债务关系等同于具体的债务。而学理和法院判决则将债的关系当作一个有机体

---

[24] 依福斯特霍夫（Forsthoff）的著名公式，最初见于其《作为给付承担者的行政》（1938 年），第 1 页以下。

(即作为一种社会事实的整体契约关系),当作一种超越债务的法律状况来认识。从这种法律状况中,能产生远远超出约定给付内容的契约双方的义务秩序。于是,即使是单务契约的债权人,如支票持票人,在与债务人的契约关系中也可能承担契约法律义务。晚期共同法上缔约过失的发展,指示着相同的方向。积极违反契约理论也通向了同一构想,使"违反契约"这一全面的中心概念,最终取代了对自由经济社会中的货物买卖而言如此不完整的"迟延"和"不能"的类型。所有了解自然法的人都知道,这种整体的观念对潘德克顿法来说一般是陌生的,但却是一种牢固的自然法传统;无论过去还是今天,这种观念都是一种法律思考的伦理化,只有将给付的交换定位为一种社会功能时才会产生。㉕

3.这种已有准备的向实质契约伦理的回归,在关于给付义务边界的规定中得到了更清楚的展现。正

㉕ 比如格老秀斯:《论战争与和平法》,Ⅲ和Ⅱ,11§6;普芬道夫(S. Pufendorf):《论自然法与国际法》,Buch Ⅴ passim;关于中世纪的自然法传统,参见托马斯·阿奎那:《神学大全》,Ⅱ 2 quaest. 77 art. 2。

如我们已经看到的，潘德克顿法学在稍作迟疑后，最终拒绝考虑共同错误或生前法律行为经济基础的嗣后变更；它因此同时也拒绝了"公正价格"、"非常损失"，以及更为一般性的实质等价原则。在第一次世界大战的生产危机期间，法院判决就已开始声明调整给付或对待给付，以适应变化了的情势；在战后的动荡中，法院判决以修订的形式完全接受了厄尔特曼的交易基础理论。在德国陷于通货膨胀时，法院判决远离了立法者的货币唯名主义，而是在所谓的"自由增值"中，支持一种适度的、有社会伦理考量的货币价值主义。毋庸赘述，这也是一种原则性的转变，从古典罗马法和潘德克顿法强调"契约应当恪守"（*pacta sunt servanda*）的个人意志与自由伦理，转向欧洲自然法传统（尤其是中世纪社会理论[26]）的社会责任伦理。

---

[26] 例如格老秀斯：前引书，Ⅱ,12 §§11 sq.；普芬道夫：同前注；关于教会法的传统，参见托马斯·阿奎那：前注引文，以及同一卷 quaest.110 art.2；奥斯蒂（Osti）的论文，载《民法评论》，1912年卷，第420页以下；关于货币价值理论，参见施坦佩（Stampe）：《后期注释法学派时期的支付力法》（1928年）。

古典私法典的社会模式与现代社会的发展

4. 悖俗行为的无效与就悖俗行为所负的损害赔偿义务,在"自由的"私法中有一个受到严格限定的个人—伦理的原因:个人道德上的卑鄙意识,涉及对道德自由的滥用。如果法院判决越来越多地适用这些规定,例如为了在担保让与中提出特定的经济伦理要求,[27]或为了应付客观上对形式强制甚或判决既判力的滥用,那么它因此也在开始实践一种社会责任伦理的要义。

5. 这方面还有最后一个典型样本。《德国民法典》的编纂者们,根本无意知道土地所有权人的各种私法义务。但法院判决很早就认为,所有权人对从其土地产生的那些危险承担一种"状态责任"。对于来自毗邻土地的、当地习以为常的不可称量物入侵,《德国民法典》(第906条)遵循了罗马法上"行使其权利者,不侵害任何人"(*qui suo iure utitur, neminem laedit*)的规则;然而,对来自原料生产和化学工业的大规模不可

---

[27] 参见莱曼(H. Lehmann):《担保让与的责任事实构成》(1936年);察恩(Zahn):《通过担保让与的信贷担保的边界》(1937年);关于教义学与法政策的论述参见莱曼:《动产与债权上信贷担保的改革》(1937年)。

称量物入侵，法院判决却表示，相邻空间内的土地有相互的注意义务和补偿义务：工业须将其不可称量物入侵限制在最低程度内，受侵害的农业则须尽可能选择不受影响的耕作形式。㉘ 由不受限制的个人所有权，转向作为既定经济空间中的社会功能的土地所有权，这种观念变迁，在私法中没有任何一处比在这里得到更典型的表达。

这样的例子几乎举不胜举。总体的回顾会表明，今天对民法的解释经常不再考虑按照私法秩序最初的含义，将其看作主观权利的集合，即个人"意志力"的集合；毋宁说，它本质上将法律关系作为社会功能来考虑，这些功能是按照预先确定的或通过契约承担的责任来行使的。考虑到该过程几乎未受集体主义的、政治的或社会伦理的意识形态影响甚或强迫，就更加令人印象深刻。它泄露了我们法律发展的真正法则（Nomos），无论是有害于，抑或有益于未来。

㉘ 持这种态度的起初是帝国法院的判决：RG 154, 161，RG 159, 131；最近的综合性论述，参见韦斯特曼（Westermann）：《物权法》（1951年），第287页。

七

如果我们追踪一战以来历届德国政府的立法，就会发现，同样的图景以更加激烈，但也较不成熟的形式一再重复；而且，如果我们在这里恰恰不去考虑宣传性立法的弊病，以及它们隐蔽的守旧和浪漫的谎言，而主要关注那些几乎是不情愿地为公共行为必要性所迫的趋势，情况就更是如此。这种立法，即便技术上掌握在受过完整学术训练的官僚手中，也已理所当然地将古典私法秩序的那些原理（Figuren）抛在了身后，诸如自由的个人契约、自由的土地所有权、物权的类型强制（*numerus clausus*）、负担行为与处分行为的分离、债权的相对效力，等等。一个外在的标志是，所有这些新生事物都挣脱了民法的体系，虽然它们全都涉及依概念属于民法（即一般私法）基本构成的法律关系。如果我们要为发生这种情况的各法律领域寻找一个概括性的名称,那么,在奥托·冯·基尔克所赋予技术意义上的"社会法"一词,可能是最简单和最合适的。以下我们也借助一些众所周知的主要例子,来追踪这一过程:

1. 德国劳动法的发展早已广为人知,此处我只需略为提及。自1918年的《团体协议条例》以来,个人劳动契约的模式已被各种团体的契约主权所取代。民法上的雇佣契约对于劳动关系也成了一个背景:在其衬托下,一种新的契约类型——集体契约的轮廓显现出来。与此相反,在集体给付照顾的其他领域,例如邮件递送业务、货运与客运以及私人保险等,大批量契约尚未从民法契约的典范形式中分离出去。

2. 自第一次世界大战以来,社会性的租赁法也成了所有欧洲法律秩序共同的问题。它因直接的紧急状况而发生,因而也长期被公共意识误解为一种权宜之计。然而在德国,自1931年的《紧急条例》*起,"直

---

* 指1931年3月20日颁布的《实施〈公共福利条例〉第七章第三节规定的条例》。——译者

至社会性租赁法的建立",它都是一项持续性的制度。二战后,该制度在德国和其他欧洲国家的地位更是前所未有地稳固。㉙这里与我们的论题有关的,并非各种公共的、多为地区性的住房管制经济形式,而是租赁关系变化了的形态本身。就租赁关系最重要的契约要素——大多受到官方确定的最高金额约束的房租而言,从承租人的角度来看,租赁关系还是民法上可自由终止的租赁契约,而对于出租人,鉴于对承租人终止权的保护,则涉及一种受到社会法约束的公共的空间利用关系。㉚如果我们还考虑到,"住房管制"在大多数情况下迫使住房所有权人,甚至是住房的主承租人建立这样一种关系,那么,自由民法秩序的所有重要因素在这里看来都被废弃了。

3. 公共的住宅建筑经常导致这样一些形态,其样

㉙ 关于其政治上的由来,参见维亚克尔:《土地法》(1938年),第237页以下、第246页以下。

㉚ 勒宁(Löning):《作为物权的不动产租赁》(1931年)(但只考虑了对买受人的效力);首先清楚地提及承租人的"居住权"(Insitzrecht)的,是黑德曼(Hedemann):《物权》,1924年第1版,§33 Ⅵ;也见维亚克尔:《土地法》,第262页。

板在潘德克顿法学中找不到，而只见于那些历史上的、不自由的旧法律秩序中。从社会功能看，这些形态导致建筑物所有权被分割为公共的上级所有权和私人的下级所有权。直至1918年，《德国民法典》规定的地上权都与罗马法上的历史类型紧密相连。"土地改革者"的诸般努力，推动了大胆更新较旧的分割所有权形式的构想。这些构想在1919年的《地上权条例》和1920年的《归民住宅法》中臻于成熟。[31]《地上权条例》将作为一种他物权（*ius in re aliena*）的地上权本身等同于土地，使它能成为抵押负担的标的。通过这种奇特的手段，该条例实现了对所有权的分割。《德国民法典》的不动产法为了权利人不受限制的处分和土地所有权的完全商业化，只规定了种类有限的物权，以及仅存在于当事人之间的债权约定效力。但《地上权条例》同时规定了地上权人处置不当情况下的失权，

---

[31] 深入的论述参见维亚克尔：《土地法》，第250页以下；关于将其归入其他的居住用益关系，参见该书第249页以下。

古典私法典的社会模式与现代社会的发展

和设定权利时的契约约定对第三人的物权效力,[32]从而突破了《德国民法典》上不动产法的基本概念。有利于土地所有权人的土地用途指定,地上权人的先买权,以及地上权人处置不当时土地所有权人的回复让与请求权,创造了一种公示性的上级所有权。如果立法者要将这种上级所有权纳入土地登记簿法和物权法的传统形式中,肯定会遭遇典型的失败。

新旧两种地上权形式,都意在鼓励地方性住宅区的发展。然而事实上这两种形式都难得一见,因为地方行政部门大多按旧法的方式,采取了更实用的,设计欠完善的办法。但我们在那里也能看到类似的不规则情形出现。特别是地方性住宅承租人下级所有权的观念,使(经常由官署大规模标准化的)原因性约定必须移转给新的承租人承受。[33]最后,又是为了鼓励

---

[32] 参见施特雷克尔(Strecker)的论文,载《法律》,1920年卷,第227页以下;关于这种及相关现象的归类,参见维亚克尔的论文,载《德国法学》,1941年卷,第49页以下。
[33] 关于通过对住宅建筑的监督而强制移转这类协议,参见维亚克尔:《土地法》,第243页。

住宅区的建设和居民对其居住地更紧密的心理联系，1951年3月15日西德的冗长法律*创造了"住宅所有权"和物权性的"长期居住权"。在该法中，与现代住宅区法相同的自相矛盾再次出现了。"住宅所有权人大会"和"管理人"这些合作社性质的机关，与严格的私法外衣处于一种奇特的矛盾中。至于这种新形式也已从古典私法中脱离，在非诉管辖而非诉讼管辖的适用中（第43条以下数条），**也完全暴露出来了。

今天，没有任何一种住宅利用的法律形式仍适应民法秩序的内部体系；外观上与此相应，相关内容均散见于民法典之外的各种特别法中。㉞

4. 我们之前已经看到，德意志各邦国的法律一直保留着强烈的公共的所有权限制。但只是从1918年起，在对不动产交易和土地利用日益加强的公共控制中，

---

* 指《住宅所有权法》（Wohnungseigentumsgesetz）。——译者
** 《住宅所有权法》最初规定，住宅所有权纠纷适用非诉管辖而非诉讼管辖，今天则已修订为适用诉讼管辖。——译者
㉞ 维亚克尔：《当代德国不动产法学的多样性与统一性》（斯图加特-柏林，1942年），第7页以下。

古典私法典的社会模式与现代社会的发展

才出现按照整体经济的和社会的观点对国家土地空间所作的前后一贯的计划。[35] 无论是在与住宅用地或一般的农业用土地有关的交易中,还是在住宅区和重建建筑区中,出让和分割方面的各种官方批准和负担、先买权、纳税义务或费用强制分摊,都导致对整体土地空间利用日益严格的控制。这些现象,并未随第三帝国及其各种庞大的经济计划一同消失,反而因战后重建被毁坏地区的任务而益形增加。

这类例子同样举不胜举。在今天欧洲的所有国家,经济上不独立者构成了人口中的大多数和一种统一的类型。可作为一般经验确定的是,在所有涉及经济上不独立者幸福与痛苦的生活领域,民法及其法律理想的有效性都消失了。一个对所有国家公民都有拘束力的法律秩序先前的核心部分,已转移到了我们暂时以"社会法"这一关键词来归纳的新领域。与这种转移相适应的,是旧私法体系及其各种经典基本概念统一性的瓦解。讲台上讲授的和考试中考察的,并不是总能

---

[35] 参见韦斯特曼:《物权法》,第278页以下。

反映真实的生活；实务也越来越不能控制局面。作为欧洲自由主义创造的法律体系基础的经济状况与公民伦理，多已倾颓崩塌。

但是，取代它们的又是什么？如果我们不去追寻那些在旧体系废墟下开始萌芽的、尚不可见的法律价值，将意味着我们自动放弃作为正义的仆人的责任。在我们限定讨论的现象中所表现出来的，显然不是各个政治阶级的权力命令或利益，而是当代社会持续、合法的法律意识。因此，这样一些价值必定是存在的。真正的理论的任务，是找到这种价值，并为公共意识对这种价值加以表述。如果不存在这种价值，我们将不得不承认，因上面描述过的那些现象，甚至是在人类的共同生活中，也已宣告了法律思想面临无可避免的危险。然而，历史和我们自己的感受，并不能得出这样一种悲观的结论。

八

悄无声息的社会形象变革背后所显示的，不是或不仅仅是19世纪市民社会伦理和经济理想的没落，而且是一个新社会理想的开始生长。这是一个暂时尚不稳定的社会，几乎未被当时的法律理论所理解，盲目和仓促的立法对它的理解更少。而今天所有的观察者则都已知道其心理的和功能的类型（Typus）。如果要追问这一新社会的伦理学前提，我们使用的表达必须要比分析旧社会的衰落时更为谨慎。过去的社会，是一个由法律上自由的、受个人主义伦理规则约束的经济主体组成的社会。这些主体之间的各种关系，以个人契约模式为象征，多数情况下实际上也是通过个人契约模式来塑造的。如果我们考察新社会自发地、未受强大的管教者强制而产生的社会形式和法律形式，代表性的类型和代表性的社会关系就呼之欲出，而新社会正是处于它们的法则之下。这里比较妥当的是，首先要摆脱一种悲观的错觉。现实的类型肯定不是受国家集体强制的机器，而基本关系也不是一个原子无条件地屈从于它与万千其他原子共同组成的利维坦的命令。在社会法发展在伦理上真正有生命的内容中，例如劳动契约、工厂组织（Betriebsverfassung）、租赁与住宅制度，尤其是现代债法的评价标准，占优势的绝对是合作的功能，其目的在于为多人的自由"合作社"服务；但也还存在多层次的社会和经济自治的联合。与此同时，现代行政国家的强力形态也日益凸显。这表明，在当代社会，服从关系与互助合作关系同时并存，并要求达到一种平衡：服从关系的任务，须能向个人证明长期具有公益性；而在合作足以履行社会任务之处，则以相互的义务关系和保护关系来促进合作。在私法和社会法发展的领域，与我们有关的只有这种合作的法律激情，它抑制了竞争的激情。民法个人契约中个人之间的相互合作；各种企业、合伙、职业团体和社团中多人的合作；各种企业、团体和社团

古典私法典的社会模式与现代社会的发展

与公权力承担者之间的合作,而后者又必须由社会的政治性团体组织委托授权——这些似乎是我们时代的社会中各种私法和社会法基本关系的模式。如果要用关键词来说明,这一社会不是通过个人契约自我限制才受到约束的众多主体,而是权利享有者的"合作社",他们已通过预先确定的共同任务联系起来。[36] 这也正是为什么我们相信(尽管有些保留),在19世纪自由主义法律模式的批评者中,奥托·冯·基尔克应该被授予桂冠的原因。他看清了新社会那些富有前景的征兆。

为了理解一个社会,法律人要追问其社会融合的激情;而为了在一个社会中实现正义,他应当已认清该社会的精神特质(Ethos)。19世纪市民社会典型的精神特质是自由。该社会非凡的自信,源于市民阶级的解放和欧洲在全球的先锋地位。而我们现时代的精神特质,如果我们能够这样说的话,则是责任的伦理。

---

[36] 无须特别申明的是,这是现实分析的尝试,而非对政治和社会浪漫主义旧的虚幻理想(如整体的经济社会或有机的国家)的信奉。或许和外部的表象相反,我们的考察完全不受围绕社会市场经济和由中央领导的经济进行的激烈争论影响。法学家们还须为符合现实的社会模式做好准备;在这种模式中才能提出正确的经济秩序的问题。

它源于新阶级的上升和新的社会认识的获得，但也源于一个退回到自己传统去的欧洲的内在秩序任务。这种对比并非充满敌意的对立，因为自由与责任二者都是对欧洲人性长久以来的基本特征，即公开地、社会地行为的人的人性前提的表达。但由此得出的结论是，责任的伦理尚非现实，而是一项任务；今天，它甚至受到来自人性根源的致命威胁。这些威胁中程度最甚的，还不是凝聚着同时代人恐惧与仇恨的那些外部危险：统治者的权势欲或歇斯底里所引起的各种灾难对人类社会的毁坏；或者一个无责任感、又已忘记那些痛苦教训的营利社会的回归。这些征候的基础，是一种更为隐蔽和长期的威胁，即人际关系悄无声息的非人性化和去个性化，就像今天的情形所展示的：一方面是官僚机构和专业化官员的运转，另一方面是无限制的经济上的团体利己主义，以及个人对公众的极高期望。所有这些现象的基础，是最深的人性劣习：博爱（caritas）的缺乏，也就是说，不仅缺乏得到实行的博爱，还完全缺乏人际的理解。

这些观察，似乎已远远超出我们的讨论对象和职

古典私法典的社会模式与现代社会的发展

责的范围。但是，鉴于有人质疑私法秩序究竟与一个社会内在和外在的状况有何关系，而即便是不完全认同这种意见的人，也会提出异议：如果承认新的"社会法"秩序不再遵循作为19世纪伟大的欧洲私法立法基础的政治和社会伦理前提，岂不意味着私法的理念和体系本身已被抛弃？正是对这样一种误解的担忧，启发了我写作本文，因为这种误解蕴含着双重的危险：要么是来自自觉的民法学的诱惑，即社会形象的那种变革遭到否认，或是被解释为对法律的日常生活没有意义；要么是来自非法学的公众的诱惑，即从这一革命化进程中，得出传统私法文化价值对公众无足轻重的结论。面对这两条歧途，欧洲私法史学者应当牢牢记住，以私法教义学为核心，经近千年才被造就的欧洲法律文化的奇迹，并非已不再是我们的财富和责任。这一法律文化源于中世纪早期各民族和统治者们对法律的强烈愿望，因对伟大的罗马法学敬畏但有误解的利用而得到不可思议的蓬勃发展，又经中世纪和现代自然法而完成对法律现实的思想占领。在通过19世纪的潘德克顿法学在中欧臻于专业上的完美之前，它就已经完全成熟了。我们法律文化的基本思想中没有任何一种,在公法和社会法的新生制度中也是如此,其基本模式不是在这一罗马-自然法法律文化中,从一开始就被一再周密地思考和塑造,即便可能以另一种名义,或者在另一种语境中。从主观权利、契约、权利行使的伦理约束、给付的平衡、情势不变条款这些概念,到法人、客观法律对目的愿望和权力愿望的控制这些发现,乃至对法律理念本身的永恒确定,在这种法学的每一阶段都被重新思考,往往是被深化和一般化。本报告在另一语境下曾举过有说服力的例子,可用来说明当代对于这一伟大遗产所负的义务。正是鉴于较新的最高法院判决中最典型的社会伦理倾向(参见上文第18页以下),我们应当记住,最高法院的判决绝非因此而只是在追随社会意识的一种进步发展,而是有意或无意地,同时也重新接续上了一度被经典的潘德克顿法学打断的自然法法律伦理。这种法律伦理几乎处处都可回溯到中世纪的,经常也可回溯到教会法的传统;而这些传统又可回溯到希腊-亚里士多德的或斯多葛-罗马的问题提出方法。

古典私法典的社会模式与现代社会的发展

相反,我们因此而相信,一种自觉的、承担公共责任的私法学,只有在感知到社会的现实,并理解其特别的伦理重点时才是可能的,而且也恰恰因此而保持可能。在这种前提下必须说明的是,这种私法学自然不依赖于一种特定的历史性的社会形象(例如自由主义的营利社会)的继续存在。谁若想否认这一点,必然也会否认古典罗马法学、意大利鉴定法学派(Konsiliatoren)* 或优雅法学对它们各自时代的社会整

---

* 对中世纪"注释法学派"(Glossatoren)之后活跃于14—15世纪的法学家群体,有"后期注释法学派"(Postglossatoren)、"评论法学派"(Kommentatoren)、"实务家"(Praktiker)和"鉴定法学派"(Konsiliatoren)等不同的称谓。维亚克尔在其名著《近代私法史》中认为,较之Postglossatoren(后期注释法学派)这一并不明朗的表述,其他几个称谓或许更准确地表达出了这一群体的新的任务和贡献,尽管也未必完整。他最终选择了Konsiliatoren(鉴定法学派)这一表述,理由是:"实务家"不能反映这些法学家的教学职务和著述,而"评论法学派"这一称谓用在"注释法学派"身上也不不妥。《近代私法史》一书的中译版将Konsiliatoren译作"评注法学者"。本人认为,Konsiliatoren的得名,系因这些法学家大量从事法律鉴定实务(Konsiliarpraxis),为忠于作者的原意,译作"鉴定法学派"或"鉴定法学家"似较妥当。至于我国学界,一般使用"评论法学派"和"评论法学家"这样的表述,与Kommentatoren对应。但也有学者提及Konsiliatoren一词,并译作"建议法学派"。——译者

合所做的突出贡献。

然而，目前一切都仍有待解决。私法学及其方法、体系和概念很可能会进一步迷失方向，如果理论界和实务界犯下这样的错误：理论界不对现实素材予以分析和思想塑造，而是固守习惯并徒劳地抱怨私法被公权力贬低；实务界（即立法和行政）则低估"理智与科学"（即真正的理论和方法），固执于权宜之计和粗暴的临时安排，而不重视自己所处社会在思想上的基础法则。欧洲法律史表明，那些理论的热情退居日常生活紧急需要之后的情况，总是会导致无谓的力量损失，以及对公共生活的伤害，如果不提及那些更糟糕的后果的话；我们可以想想德国开始继受罗马法时的情形。通过记取一种法律文化存在条件的思想家和实务家们，私法科学将从这些危险中再次站立起来。那样，私法科学将来也就不会缺少一片极其广阔而肥沃的工作领域。

图书在版编目（CIP）数据

古典私法典的社会模式与现代社会的发展 /（德）弗朗茨·维亚克尔著；傅广宇译.—北京：商务印书馆，2021（2021.12 重印）
（德国法学名家名篇）
ISBN 978-7-100-19568-3

Ⅰ.①古… Ⅱ.①弗… ②傅… Ⅲ.①私法—法典—研究—德国—古代 Ⅳ.① D951.63

中国版本图书馆 CIP 数据核字（2021）第 033400 号

权利保留，侵权必究。

德国法学名家名篇
古典私法典的社会模式与现代社会的发展
〔德〕弗朗茨·维亚克尔 著
傅广宇 译

商 务 印 书 馆 出 版
（北京王府井大街36号 邮政编码100710）
商 务 印 书 馆 发 行
北 京 通 州 皇 家 印 刷 厂 印 刷
ISBN 978 - 7 - 100 - 19568 - 3

2021年7月第1版　　　开本 787×1092　1/32
2021年12月北京第2次印刷　印张 2½
定价：36.00 元